RÉPUBLIQUE FRANÇAISE

MINISTÈRE DE L'INSTRUCTION PUBLIQUE

ET DES BEAUX-ARTS

I0026494

RÈGLEMENT

DE

L'ADMINISTRATION DU MOBILIER NATIONAL

PARIS

IMPRIMERIE NATIONALE

1910

I

DÉCRET

PORTANT RÈGLEMENT

DE

L'ADMINISTRATION DU MOBILIER NATIONAL.

LE PRÉSIDENT DE LA RÉPUBLIQUE FRANÇAISE,

Sur le rapport du Ministre de l'Instruction publique et des Beaux-Arts ;

Vu le règlement du mobilier national en date du 11 février 1884, modifié par les arrêtés ministériels des 5 avril 1899, 26 février 1901 et 23 décembre 1902, ainsi que par les décrets des 29 juillet 1905 et 21 septembre 1906 ;

Vu l'article 55 de la loi de finances du 25 février 1901,

DÉCRÈTE :

TITRE PREMIER.
ORGANISATION GÉNÉRALE.

ARTICLE PREMIER.

L'Administration du mobilier national comprend :

1° Le service administratif ;

2° Le service des travaux ;

3° Le service intérieur et des transports;

4° Le service des magasins.

Ces services sont placés sous l'autorité immédiate de l'administrateur du mobilier national.

ART. 2.

L'administrateur a sous ses ordres un personnel dont l'effectif et la répartition dans les différents services sont fixés de la manière suivante :

1° Service administratif.

1 administrateur adjoint;

1 rédacteur vérificateur;

1 rédacteur;

1 commis expéditionnaire;

2 dames copistes dactylographes.

2° Service des travaux.

1 chef du service des travaux;

3 chefs d'atelier;

4 sous-chefs d'atelier;

13 ouvriers;

1 maîtresse ouvrière;

1 première ouvrière;

8 ouvrières.

Des ouvriers et ouvrières à la journée sont employés dans lesdits ateliers suivant les nécessités des travaux et dans la limite des crédits affectés à cet objet.

3° Service intérieur et des transports.

1 chef du service intérieur et des transports chargé de la comptabilité :

1 brigadier chef;
1 brigadier;
1 gardien de bureau;
1 portier;
2 cochers;
9 hommes de service.

Des hommes de service auxiliaires sont employés suivant les néces-sités des travaux et dans la limite du crédit affecté à cet objet.

4° Service des magasins.

1 garde magasin;
3 magasiniers.

TITRE II.

TRAITEMENTS, CLASSES ET AVANCEMENT.

ART. 3.

Les traitements, les classes et le temps minimum pour pouvoir être l'objet d'une proposition d'avancement sont déterminés comme suit :

EMPLOIS.	CLASSES.	TRAITEMENTS.	TEMPS MINIMUM pour obtenir un avancement de classe.
	5	8,000	//
	4	9,000	2 ans.
Administrateur	3	10,000	2 —
	2	11,000	2 —
	1	12,000	3 —

1.

EMPLOIS.	CLASSES.	TRAITEMENTS.	TEMPS MINIMUM pour obtenir un avancement de classe.
SERVICE ADMINISTRATIF.			
Administrateur adjoint...............	5	5,000	//
	4	5,500	2 ans.
	3	6,000	2 —
	2	6,500	2 —
	1	7,000	3 —
Rédacteurs......................	8	2,000	//
	7	2,400	2 ans.
	6	2,800	2 —
	5	3,200	2 —
	4	3,600	2 —
	3	3,900	2 —
	2	4,200	3 —
	1	4,500	4 —
Commis expéditionnaire...............	7	1,800	//
	6	2,100	2 ans.
	5	2,400	2 —
	4	2,700	2 —
	3	3,000	2 —
	2	3,300	3 —
	1	3,600	4 —
Dames copistes dactylographes...........	7	1,600	//
	6	1,700	2 ans.
	5	1,800	3 —
	4	1,900	3 —
	3	2,000	3 —
	2	2,100	3 —
	1	2,200	4 —

EMPLOIS.	CLASSES.	TRAITEMENTS.	TEMPS MINIMUM pour obtenir un avancement de classe.
SERVICE DES TRAVAUX.			
Chef du service des travaux..............	3	3,800	//
	2	4,200	2 ans.
	1	4,600	3 —
Chefs d'atelier......................	4	2,800	//
	3	3,000	3 ans.
	2	3,300	3 —
	1	3,600	3 —
Sous-chefs d'atelier....................	3	2,500	//
	2	2,600	3 ans.
	1	2,700	4 —
Ouvriers .....:....................	8	1,700	//
	7	1,800	2 ans.
	6	1,900	2 —
	5	2,000	3 —
	4	2,100	3 —
	3	2,200	3 —
	2	2,300	4 —
	1	2,400	4 —
Maîtresse ouvrière....................	2	1,500	//
	1	1,600	4 ans.
Première ouvrière....................	2	1,400	//
	1	1,500	4 ans.
Ouvrières..........................	3	1,200	//
	2	1,300	4 ans.
	1	1,400	5 —

EMPLOIS.	CLASSES.	TRAITEMENTS.	TEMPS MINIMUM pour obtenir un avancement de classe.
_ SERVICE INTÉRIEUR ET DES TRANSPORTS.	5	3,000	//
	4	3,400	2 ans.
Chef du service intérieur et des transports....	3	3,800	2 —
	2	4,200	3 —
	1	4,600	4 —
	3	2,100	//
Brigadier chef.....................	2	2,300	3 ans.
	1	2,500	4 —
	3	1,800	–
Brigadier..........................	2	1,900	3 ans.
	1	2,000	4 —
	5	1,600	//
	4	1,700	2 ans.
Gardien de bureau, portier.............	3	1,800	3 —
	2	1,900	3 —
	1	2,000	4 —
	3	1,600	//
Hommes de service, cochers	2	1,700	4 ans.
	1	1,800	5 ans.
SERVICE DES MAGASINS.	6	2,200	//
	5	2,400	2 ans.
Garde-magasin,......................	4	2,600	3 —
	3	2,800	3 —
	2	3,000	3 —
	1	3,200	4 —
	5	1,600	//
	4	1,700	2 ans.
Magasiniers........................	3	1,800	3 —
	2	1,900	3 —
	1	2,000	4 —

TITRE III.

RECRUTEMENT DU PERSONNEL.

—

ART. 4.

Le Ministre, sur la proposition du Sous-Secrétaire d'État des Beaux-Arts, nomme à tous les emplois de l'Administration du mobilier national.

ART. 5.

L'administrateur est choisi de préférence parmi les fonctionnaires suivants :

Les chefs de bureau de l'Administration centrale (Sous-Secrétariat d'État des Beaux-Arts) et l'administrateur adjoint. Il doit compter un minimum de dix ans de services administratifs.

L'administrateur adjoint est choisi de préférence parmi les sous-chefs de bureau et les rédacteurs de l'Administration centrale des Beaux-Arts.

Peuvent être également appelés à cet emploi : les rédacteurs, le chef du service des travaux et le chef du service intérieur du mobilier national.

Il doit compter un minimum de huit ans de services administratifs.

La nomination à ces emplois ne peut avoir lieu que par la dernière classe.

Toutefois, les chefs et les sous-chefs de bureau de l'Administration centrale sont immédiatement nommés à la classe qui leur assure un traitement au moins égal à celui de leur grade antérieur.

Les emplois de rédacteurs sont attribués au concours. Le programme et les conditions de ce concours seront déterminés par arrêté ministériel.

L'emploi de commis expéditionnaire est réservé aux sous-officiers rengagés comptant au moins dix ans de services dont quatre ans dans le grade de sous-officier, conformément à la loi du 21 mars 1905 (tableau E).

Les candidats rédacteurs reçus ne peuvent être titularisés qu'après un stage dont la durée est fixée à une année.

Les stagiaires, pendant leur stage, reçoivent une indemnité équivalente à leur traitement de début. A l'expiration de l'année, le Ministre, sur l'avis conforme de l'administrateur, admet définitivement les stagiaires et ceux-ci reçoivent le traitement afférent à la dernière classe de leur emploi. Dans le cas contraire, ils cessent immédiatement leur service, à moins que, sur la proposition de l'administrateur, le Ministre ne leur accorde une prolongation de stage d'une durée maxima d'une année.

Les anciens sous-officiers admis par application de la loi du 21 mars 1905 sont nommés, sans stage, expéditionnaires de 8e classe. Toutefois, après une année de services, ils sont, comme les stagiaires, l'objet d'un rapport d'appréciation.

Lorsque ce rapport n'est pas favorable, ils peuvent être licenciés.

Il est tenu compte aux rédacteurs, en vue de leur promotion de classe, de l'année qu'ils ont passée en qualité de stagiaires.

Le commis expéditionnaire comptant au moins cinq ans de services peut être, par mesure spéciale et sur la proposition de l'administrateur, promu rédacteur.

Dans le cas où un des emplois de rédacteur ou de commis expéditionnaire serait attribué à un rédacteur ou à un expéditionnaire de l'Administration centrale, ce dernier serait nommé à la classe qui lui assure un traitement au moins égal à celui dont il jouissait antérieurement.

ART. 8.

Les emplois de copiste dactylographe sont confiés à des femmes, de préférence à des veuves ou filles d'anciens employés ou agents du mobilier national. Elles doivent être Françaises et âgées de dix-huit ans au moins et de trente ans au plus. Après un stage d'une durée minima d'un an, leur titularisation pourra être proposée par l'administrateur.

Pendant leur stage, elles reçoivent une indemnité mensuelle qui ne peut être inférieure à 100 francs, ni supérieure à 125 francs. Cette indemnité est imputable sur le crédit affecté au personnel.

Peuvent être nommées sans condition d'âge ni de stage les dames déjà titulaires d'un emploi dans une administration de l'État, et dont l'aptitude aura été constatée.

ART. 9.

Le chef du service des travaux est choisi de préférence parmi les chefs d'atelier.

Ces derniers sont recrutés parmi les sous-chefs. Toutefois, le Ministre peut, dans le cas où le sous-chef d'un atelier ne présenterait pas les garanties suffisantes, professionnelles ou autres, choisir parmi le personnel fixe un ouvrier comptant au moins trois ans de services qui serait chargé de la direction de l'atelier. Cet ouvrier serait nommé sous-chef faisant fonctions de chef et après cinq ans passés dans cette situation il pourrait, sur la proposition de l'administrateur, être promu chef et recevoir le traitement afférent à la dernière classe de ce grade.

Les sous-chefs d'atelier sont pris exclusivement parmi les ouvriers titulaires comptant au moins trois ans de services.

ART. 10.

Nul ne peut être admis comme ouvrier titulaire s'il n'a travaillé en qualité d'auxiliaire dans l'un des ateliers du mobilier national et si son habileté professionnelle n'a été constatée par une commission spéciale dont les membres nommés par le Ministre comprendront, au moins, un ou deux professeurs ou chefs de travaux d'une des écoles professionnelles de l'État ou de la Ville de Paris, ou toute autre personne qualifiée par ses capacités.

Le candidat ouvrier doit, en outre, remplir les conditions suivantes :

1° Avoir satisfait aux obligations imposées par la loi militaire;

2° Produire un extrait du casier judiciaire ainsi qu'un certificat de moralité délivré par l'autorité compétente et dûment légalisé;

3° Posséder une bonne instruction primaire;

4° Produire un certificat délivré par le médecin assermenté de l'Administration constatant que le candidat est robuste, doué d'une bonne constitution et qu'il n'a aucune infirmité qui le rende impropre à l'emploi qu'il sollicite;

5° Être âgé de moins de trente ans. Toutefois, la limite de trente ans est reculée d'autant d'années que le candidat compte de services civils ou militaires admissibles pour la retraite, sans dépasser trente-cinq ans.

ART. 11.

L'emploi de maîtresse ouvrière est attribué à la première ouvrière. Toutefois, le Ministre peut, dans le cas où la première ouvrière ne présenterait pas les garanties suffisantes, professionnelles ou autres, choisir, parmi le personnel fixe, une ouvrière comptant au moins trois ans de services et qui serait chargée de la direction de l'atelier. Cette ouvrière serait nommée première ouvrière faisant fonctions de maîtresse ouvrière et après trois ans passés dans cette situation, elle pourrait, sur la proposition de l'administrateur, être promue maîtresse ouvrière et recevoir le traitement afférent à la dernière classe de ce grade.

ART. 12.

Les postulantes ne peuvent être titularisées en qualité d'ouvrière que si elles ont travaillé comme auxiliaire dans l'un des ateliers du mobilier national.

Elles doivent être âgées de moins de trente ans., posséder une instruction primaire suffisante, produire un extrait de casier judiciaire, un certificat de bonnes vie et mœurs délivré par l'autorité compétente ainsi qu'une attestation du médecin assermenté de l'administration constatant qu'elles n'ont aucune infirmité qui les rende impropres à l'emploi qu'elles sollicitent, notamment au travail de la machine à coudre.

ART. 13.

Le chef du service intérieur et des transports, chargé de la comptabilité, est choisi parmi le personnel du mobilier national ou celui de l'Administration centrale.

Il doit compter au minimum six ans de services administratifs.

Le brigadier-chef, le brigadier, le gardien de bureau, le portier et les cochers sont recrutés, suivant leurs aptitudes, parmi le personnel du service intérieur du mobilier national ou celui des magasins.

ART. 14.

Les hommes de service sont pris en totalité parmi les anciens militaires non gradés comptant au moins quatre ans de services. (Loi du 21 mars 1905. — Tableau G.)

ART. 15.

Le garde-magasin est choisi de préférence dans le personnel du mobilier national. Il doit être âgé de vingt-huit ans au moins et compter au minimum six ans de services administratifs. Il doit, en outre, présenter toutes les garanties d'honorabilité et de probité que l'Administration est en droit d'exiger d'un employé qui a la garde et la surveillance d'un matériel important.

ART. 16.

Les magasiniers sont recrutés dans le personnel du service des travaux ou du service intérieur. Ils doivent compter au minimum cinq ans de services administratifs.

TITRE IV.

DISPOSITIONS TRANSITOIRES.

ART. 17.

Les emplois existant antérieurement au présent décret et non maintenus seront supprimés par voie d'extinction.

En conséquence, il ne sera pourvu, dans chaque grade ou chaque emploi, aux vacances qui viendront à se produire qu'autant que l'effectif aura été ramené à celui prévu à l'article 2 (Titre Ier).

ART. 18.

Par dérogation à la règle établie à l'article 3 (Titre II), les expéditionnaires titulaires actuellement en fonctions pourront, après trois années passées dans la 1re classe du grade d'expéditionnaire prévu au présent décret, obtenir un avancement exceptionnel, hors classe, de 300 francs, en une ou plusieurs fois.

ART. 19.

Le commis aux écritures du service des magasins, dont l'emploi est supprimé par voie d'extinction, continuera à jouir de son traitement actuel qui, tous les trois ans, pourra être augmenté de 200 francs jusqu'à concurrence de 2,800 francs.

ART. 20.

Les fonctionnaires, employés, ouvriers, ouvrières et agents, en fonctions le 1er janvier 1908, dont les traitements n'atteindraient pas le minimum de ceux fixés par le présent règlement, recevront une augmentation régularisant leur situation.

En outre, pour leur premier avancement de classe, il leur sera tenu compte de leurs droits d'ancienneté acquis avant la régularisation de leurs traitements.

ART. 21.

Sont abrogées les dispositions antérieures contraires au présent décret.

ART. 22.

Le Ministre de l'Instruction publique et des Beaux-Arts est chargé de l'exécution du présent décret, qui sera publié au *Journal officiel* et dont les dispositions sont applicables à dater du 1er janvier 1908 au fur et à mesure des ressources budgétaires.

Fait à Paris, le 17 mars 1908.

A. FALLIÈRES.

Par le Président de la République :

Le Ministre des Finances,
J. CAILLAUX.

Le Ministre de l'Instruction publique et des Beaux-Arts,
Gaston DOUMERGUE.

II

ORGANISATION INTÉRIEURE

DE

L'ADMINISTRATION DU MOBILIER NATIONAL.

LE MINISTRE DE L'INSTRUCTION PUBLIQUE ET DES BEAUX-ARTS,

Vu le décret en date du 17 mars 1908, portant règlement de l'Administration du mobilier national;

Sur la proposition du Sous-Secrétaire d'État des Beaux-Arts,

ARRÊTE :

TITRE PREMIER.
ATTRIBUTIONS.

ARTICLE PREMIER.

L'Administration du mobilier national est chargée :

1° De l'ameublement des palais nationaux, bâtiments et édifices appartenant à l'État pour lesquels des crédits sont ou seront inscrits au budget des Beaux-Arts, ainsi que de l'entretien des objets mobiliers en magasin et de la tenue des inventaires desdits objets;

2° Des travaux de décoration mobilière que nécessitent les réceptions de souverains, les fêtes officielles et les cérémonies publiques pour lesquels des crédits spéciaux sont mis à sa disposition;

3° De l'entretien des tapisseries et autres objets ayant un caractère artistique mis en prêt dans les ambassades, légations ou autres résidences à l'étranger. Lorsque l'entretien desdites tapisseries nécessitera une réfection partielle ou une restauration, il y sera procédé par les soins de la manufacture nationale des Gobelins.

Elle peut être mise à la disposition des diverses administrations publiques pour l'exécution des travaux d'ameublement ou de décoration dont la dépense leur incombe.

Elle peut également, à titre exceptionnel et sur autorisation spéciale du Ministre, prêter son concours pour l'organisation de fêtes de charité ou de bienfaisance.

TITRE II.

DU PERSONNEL.

———

ART. 2.

L'administrateur dirige l'ensemble des services indiqués à l'article 1er (titre Ier) du décret en date du 17 mars 1908.

Il fait toutes propositions relatives au personnel et au matériel.

Dans la limite des crédits alloués dans la répartition annuelle, l'administrateur engage, sous sa responsabilité, les dépenses pour salaires d'ouvriers ou d'ouvrières à la journée, pour indemnités de déplacement, pour frais de bureau et de régie, pour achat d'ouvrages de bibliothèque, pour l'entretien du matériel roulant et pour le service des écuries.

Toutes les commandes doivent être revêtues de sa signature.

Il rend compte au Ministre de toutes les opérations effectuées au fur et à mesure de leur achèvement et lui transmet, en même temps, toutes les pièces nécessaires à leur régularisation.

Il lui adresse, tous les mois, la situation de la comptabilité en matières et celle des crédits alloués : cette dernière comprend le montant, par chapitres et par articles, des dépenses engagées et des dépenses dont les justifications ont été produites.

Il examine les états trimestriels ou semestriels pour l'entretien ou la réparation du mobilier des palais nationaux. Il les fait parvenir avec devis dressé par ses soins à l'inspecteur général du mobilier national et des palais nationaux. Ce fonctionnaire, après contrôle, les renvoie accompagnés de son avis et de ses observations au Ministre qui, s'il y a lieu, les approuve et autorise l'exécution des travaux par les soins du mobilier national.

ART. 3.

L'administrateur adjoint seconde l'administrateur dans toutes les branches du service. Il le supplée en cas d'absence ou de maladie.

ART. 4.

Les rédacteurs, le commis expéditionnaire, les dames copistes dactylographes sont chargés de tous les travaux d'écriture en général : correspondance, comptabilité, tenue de l'inventaire, comptes matières et deniers, préparation des états de traitement, d'indemnités, etc.

Le rédacteur vérificateur est plus spécialement chargé de la vérification des mémoires.

ART. 5.

Le chef du service des travaux a pour mission de surveiller le personnel des ateliers, de distribuer et de conduire les travaux qui incombent au mobilier national.

Il établit les devis et s'occupe des écritures spéciales que comporte le service des travaux.

ART. 6.

Les chefs et sous-chefs d'atelier, les ouvriers, la maîtresse ouvrière,

la première ouvrière et les ouvrières sont répartis en trois ateliers, savoir :

Atelier de tapisserie ;

Atelier d'ébénisterie et de menuiserie ;

Atelier de lustrerie et de serrurerie.

Les chefs de ces ateliers sont responsables, chacun en ce qui concerne sa spécialité, de la garde et de l'entretien du matériel dont ils disposent ainsi que de la tenue de leur atelier.

Ils doivent seconder le chef du service des travaux dont ils sont les collaborateurs les plus directs, dans la conduite des opérations et la surveillance du personnel ouvrier. Enfin, ils sont tenus de prendre une part active et personnelle aux travaux de l'atelier.

ART. 7.

Les sous-chefs prennent part aux travaux de l'atelier, secondent les chefs et les remplacent en cas d'absence.

ART. 8.

La maîtresse ouvrière est placée directement sous les ordres du chef de l'atelier de tapisserie. Elle a la direction et la surveillance des ouvrières. La première ouvrière l'aide dans cette tâche et la remplace en cas d'absence.

ART. 9.

Le chef du service intérieur et des transports exerce une surveillance sur les divers agents placés sous ses ordres et veille à la bonne tenue de toutes les localités dépendant de l'Administration du mobilier national : cours, avenues, etc. Il doit signaler à l'administrateur les dégradations qui surviendraient aux bâtiments.

Il assure les mouvements et les transports du matériel, procède à la délivrance des objets de consommation destinés à la nourriture des chevaux, à la distribution du chauffage, de l'éclairage, des effets d'habillement, de coiffure et des objets de régie. Il surveille les fourrières dont il a les clefs. Il délivre les laissez-passer sans lesquels aucune voiture chargée, aucun objet ou paquet ne peut sortir du mobilier national.

Il est, en outre, chargé du payement des traitements ou indemnités, de la gestion de la caisse de fonds d'avance ainsi que des rapports avec le Trésor public.

Il ne peut signer aucune pièce sans l'approbation ou le visa de l'administrateur.

ART. 10.

Le brigadier chef et le brigadier dirigent et surveillent dans tous ses détails le travail journalier imposé aux hommes de service tant à l'intérieur de l'Administration du mobilier national qu'à l'extérieur. Ils veillent à ce qu'aucune querelle ni dispute ne s'élève entre les hommes de la brigade. Le brigadier doit prendre une part active et personnelle au travail.

ART. 11.

Les hommes de service sont chargés du mouvement et du transport des meubles tant à l'intérieur qu'à l'extérieur, de la tenue en bon état de propreté de toutes les localités du mobilier national, du battage des tentures et tapis, des gardes des dimanches et jours fériés, des rondes de nuit et, en général, de tous les travaux de propreté ou autres qui leur seraient commandés.

ART. 12.

Le gardien de bureau doit entretenir en bon état de propreté les locaux affectés aux bureaux de l'Administration et veiller à ce qu'aucune personne étrangère ne s'y introduise,

ART. 13.

Le portier doit appliquer strictement les consignes approuvées par l'administrateur.

Il exerce notamment une surveillance de tous les instants sur les entrées et sorties qui ont lieu par la grille et la porte donnant sur le quai d'Orsay. Il ne doit permettre le passage d'aucune voiture chargée, d'aucun objet ou paquet sans un laissez-passer du chef du service intérieur.

A la fermeture des ateliers et magasins, il centralise et conserve toutes les clefs et fait les rondes qui lui sont prescrites pour la sûreté des bâtiments et des objets mobiliers.

ART. 14.

La surveillance des magasins ainsi que la responsabilité des objets qui y sont contenus incombent au garde-magasin.

Il s'occupe des écritures que peuvent occasionner les mouvements de matériel : feuilles de prêt, feuilles d'entrée, états de vente, etc.

Il est chargé du marquage des objets mobiliers ainsi que de la réception de toutes les marchandises qui entrent au mobilier national et de leur délivrance aux ateliers, palais et autres établissements.

Il appose sa signature sur les factures de livraison transmises ensuite au rédacteur-vérificateur.

ART. 15.

Les magasiniers, placés directement sous les ordres du garde-magasin, sont chargés :

Le premier, du magasin des matières premières, des tapisseries, des étoffes et de la literie;

Le deuxième, du magasin de lustrerie, des tapis et moquettes et des sièges garnis;

Le troisième, du magasin d'ébénisterie et de menuiserie.

Ce dernier a, en outre, la surveillance du local mis à la disposition des artistes et des objets qui leur sont prêtés.

TITRE III.

PEINES DISCIPLINAIRES.

ART. 16.

En cas d'infraction aux dispositions du présent règlement, ou de faute grave, les fonctionnaires, employés, ouvriers, ouvrières et agents du mobilier national sont passibles des peines ci-après énumérées. Savoir :

1° La réprimande avec inscription au dossier ;

2° L'obligation d'exécuter une ou plusieurs corvées ou gardes hors tour ;

3° La privation partielle ou totale des gratifications ou indemnités de fin d'année ;

4° La mise d'office en disponibilité ou en congé, sans traitement, pendant un temps qui ne peut excéder deux mois ;

5° La rétrogradation de classe ou de grade ;

6° La révocation.

La réprimande encourue trois fois au cours d'une même année emporte, de plein droit, la privation partielle ou totale des gratifications de fin d'année.

Toute peine disciplinaire peut, en outre, entraîner un retard dans l'avancement.

ART. 17.

Les trois premières peines énoncées à l'article précédent peuvent être infligées directement par l'administrateur.

Les trois dernières ne peuvent être prononcées que par le Ministre, sur le rapport de l'administrateur.

ART. 18.

En cas de faute grave, l'administrateur peut suspendre un agent de ses fonctions. Il en informe aussitôt le Ministre ou le Sous-Secrétaire d'État. Cette mesure n'ayant qu'un caractère provisoire, il doit être statué sur le sort de l'agent dans un délai maximum de deux mois après la suspension.

TITRE IV.

DISPOSITIONS GÉNÉRALES.

ART. 19.

Le chauffage des bureaux, magasins, ateliers, logements est fixé chaque année par le Ministre.

Les logements concédés par décret pour les besoins du service et la sécurité de l'immeuble peuvent seuls être occupés.

Les fonctionnaires, employés ou agents logés doivent se soumettre strictement à toutes les consignes établies par l'administrateur.

Ils ne peuvent recevoir, à demeure, dans leur logement des personnes étrangères à moins d'en avoir obtenu l'autorisation du Ministre.

Toutefois, l'administrateur peut, sous sa responsabilité, les autoriser à recevoir des personnes dont le séjour doit être de courte durée.

ART. 20.

Des meubles peuvent être accordés aux personnes logées pour leur permettre de compléter le mobilier leur appartenant. Dans ce cas, elles signent une reconnaissance du mobilier affecté à leur logement, permettant, à leur départ, de le vérifier et de le reconnaître. Le remplacement ou la réparation des objets manquants ou détériorés peuvent être, s'il y a lieu, à la charge des occupants.

ART. 21.

Il est statué par des règlements spéciaux sur la nature et l'importance des allocations accessoires qui peuvent être attribuées aux fonctionnaires, employés, ouvriers, ouvrières et agents du mobilier national sous forme d'habillement, chauffage, indemnités de déplacement, heures supplémentaires, etc.

ART. 22.

Le service médical de l'Administration du mobilier national est assuré par un médecin nommé par arrêté ministériel et assermenté. Il est assisté, s'il y a lieu, par un ou plusieurs médecins adjoints également agréés par décision ministérielle et assermentés.

ART. 23.

Le médecin est chargé de la constatation des maladies et des accidents déclarés de nature à justifier des absences plus ou moins prolongées et à motiver le payement des frais de maladie.

Il constate également les cas d'invalidité physique pouvant donner lieu à l'application de la loi du 9 juin 1853 pour admission du droit à pension de retraite.

Le médecin est tenu de se rendre plusieurs fois par semaine, à des jours et heures déterminés, au cabinet médical installé à l'Administration du mobilier national.

Il doit, en outre, donner ses soins gratuitement à tout agent qui a recours à lui.

Une indemnité annuelle, fixée par arrêté ministériel, peut être attribuée au médecin.

ART. 24.

Les dispositions du présent arrêté auront leur effet à dater du 1ᵉʳ janvier 1910.

Fait à Paris, le 16 décembre 1909.

Gaston DOUMERGUE

DURÉE DE LA JOURNÉE DE TRAVAIL

ET FIXATION DU TAUX

DES HEURES SUPPLÉMENTAIRES.

Le Ministre de l'Instruction publique et des Beaux-Arts,

Vu le décret, en date du 18 mars 1908, portant règlement de l'Administration du mobilier national,

Sur la proposition du Sous-Secrétaire d'État des Beaux-Arts,

Arrête :

ARTICLE PREMIER.

En principe, la durée de la journée de travail est de huit heures.

L'administrateur pourra l'augmenter ou la réduire suivant les saisons et les nécessités du service sans toutefois que la durée moyenne de la journée, dans le cours de l'année, soit supérieure à huit heures.

Il fixera, par un ordre de service, les heures d'entrée et de sortie des ateliers.

Une heure et demie est accordée pour le déjeuner aux ouvriers et autres agents.

ART. 2.

Les bureaux, magasins et ateliers sont fermés le dimanche et les jours fériés.

Cette disposition est toutefois subordonnée aux besoins du service et aux exigences des travaux.

ART. 3.

Toute heure de travail effectif faite le dimanche ou un jour férié, ainsi que celle faite les jours ordinaires après la journée réglementaire fixée par l'administrateur, sera payée d'après le tarif ci-après :

Chefs d'atelier.	0^f 85^c
Sous-chefs d'atelier.	0 75
Ouvriers	0 70
Maîtresse-ouvrière.	0 50
Première ouvrière	0 45
Ouvrières.	0 40
Brigadier chef.	0 75
Brigadier	0 60
Magasiniers et gardien de bureau	0 60
Cochers et hommes de service.	0 50

De dix heures du soir à cinq heures du matin, en été, et six heures, en hiver, les heures supplémentaires seront considérées comme heures de nuit et payées au double du tarif ci-dessus.

ART. 4.

Les agents logés dans les bâtiments de l'Administration et qui sont, à ce titre, chargés d'un service spécial tels que la surveillance générale des cours, bâtiments, magasins, ateliers, l'allumage et l'extinction du gaz, les soins à donner aux chevaux, etc., ne reçoivent aucune rétribution pour ce service. Il en sera de même lorsqu'ils seront requis, après la journée de travail, pour répondre aux exigences du service intérieur ou pour assurer, en cas d'urgence, le service de la Présidence de la République.

En dehors des cas spécifiés ci-dessus, le payement des heures supplémentaires effectuées leur sera dû.

ART. 5.

La garde de nuit, considérée comme obligation de service pour les agents de la brigade, sera rétribuée à raison de 4 francs. L'agent de garde sera de repos le lendemain.

La garde de jour du dimanche, considérée également comme obligation de service, sera rétribuée d'après le tarif des heures supplémentaires, avec un minimum de 2 francs, montant de la demi-journée, exception faite, toutefois, pour le cas où ces gardes seraient imposées comme peine disciplinaire.

ART. 6.

Le service de planton, les dimanches et jours fériés, à la tribune présidentielle des hippodromes suburbains, donneront droit, en dehors de l'indemnité prévue et du remboursement des frais réels de transport, à une allocation supplémentaire de 4 francs, à moins toutefois que l'agent ne soit indemnisé de ses frais par la société intéressée.

ART. 7.

Les dispositions du présent arrêté auront leur effet à dater du 1ᵉʳ janvier 1910.

Fait à Paris, le 16 décembre 1909.

GASTON DOUMERGUE.

FRAIS DE DÉPLACEMENT.

Le Ministre de l'Instruction publique et des Beaux-Arts,

Vu le décret, en date du 17 mars 1908, portant règlement de l'Administration du mobilier national;

Sur la proposition du Sous-Secrétaire d'État des Beaux-Arts,

Arrête :

ARTICLE PREMIER.

Il sera alloué aux fonctionnaires, ouvriers, ouvrières et agents de tous grades du mobilier national qui recevront l'ordre de se déplacer hors Paris, pour les besoins dudit service, des frais de voyage et des indemnités de séjour déterminés conformément au tarif ci-après, savoir :

DÉSIGNATION.	FRAIS RÉELS DE VOYAGE (chemin de fer, bateau ou tramway).	INDEMNITÉ DE SÉJOUR HORS PARIS.
1° Administrateur et administrateur adjoint.....	Remboursement des frais réels de transport en 1re classe..	20 fr. par jour.
2° Chef du service des travaux, chef du service intérieur, garde-magasin.................	Idem, en 2e classe....	12 fr. par jour.
3° Chefs d'atelier, sous-chefs d'atelier, ouvriers, maîtresse ouvrière, première ouvrière, ouvrières, brigadier chef, brigadier, magasiniers, cochers et hommes de service....................	Idem, en 3e classe....	7 fr. 50 par jour.

Ces fonctionnaires et agents devront, lorsque la durée ou l'itinéraire du voyage le permettra, prendre un billet d'aller et retour ou un billet circulaire au tarif réduit.

ART. 2.

Les déplacements, dans l'enceinte de Paris, lorsqu'ils auront lieu en dehors d'un périmètre distant du mobilier national de plus de 2 kilomètres, donneront droit à une allocation de 30 centimes pour frais de transport et à une indemnité fixe de 1 franc chaque fois que les ouvriers ou les agents désignés au paragraphe 3 du tableau inscrit à l'article 1ᵉʳ auront été obligés de prendre un repas en ville.

Les hippodromes suburbains sont considérés pour l'indemnité fixe de 1 franc comme points de Paris situés en dehors du périmètre.

ART. 3.

L'administrateur, l'administrateur adjoint, le chef du service des travaux, le chef du service intérieur et le garde-magasin auront droit à la moitié seulement de l'indemnité fixée à l'article 1ᵉʳ pour les voyages dont l'aller et le retour s'effectueront dans la même journée.

ART. 4.

Pour les chefs et sous-chefs d'atelier, ouvriers, maîtresse ouvrière, première ouvrière, ouvrières, brigadier chef, brigadier, magasiniers, cochers et hommes de service le tarif plein de l'indemnité de séjour fixée à l'article 1ᵉʳ ne sera applicable qu'à une journée entière de déplacement comprenant deux repas et un découcher.

Pour les journées incomplètes, le tarif sera fractionné par tiers, dont chacun correspondra soit à un repas pris hors Paris, soit à un découcher.

ART. 5.

Le chef du service des travaux, le chef du service intérieur et le garde-magasin pourront obtenir le remboursement de leurs frais réels de transport en 1ʳᵉ classe dans le cas où le train qu'ils auraient été dans l'obligation de prendre ne comporterait pas de 2ᵉ classe ou si, pour une raison déterminée, ils avaient été, au préalable, autorisés par l'administrateur à voyager en 1ʳᵉ classe.

Il en est de même pour les chefs d'atelier, les sous-chefs d'atelier, les ouvriers, la maîtresse ouvrière, la première ouvrière, les ouvrières, le brigadier chef, le brigadier, les magasiniers, cochers et hommes de service qui, pour les raisons susindiquées, pourront obtenir, s'il y a lieu, le remboursement de leurs frais de voyage en 2ᵉ classe et même en 1ʳᵉ classe.

ART. 6.

Les dispositions du présent arrêté ne sont point applicables aux voyages à l'étranger ; dans ce cas, les frais de déplacement et de séjour seront déterminés par décision ministérielle spéciale.

ART. 7.

Le présent arrêté aura son effet à dater du 1ᵉʳ janvier 1910.

Fait à Paris, le 16 décembre 1909.

GASTON DOUMERGUE.

www.ingramcontent.com/pod-product-compliance
Lightning Source LLC
Chambersburg PA
CBHW060812280326
41934CB00010B/2654